ACTEURS.

JULIEN, Meûnier.

JULIENNE, sa femme.

COLETTE, leur nièce.

CLITANDRE, amant de Colette.

LÉPINE, son valet.

Me AGATHE, amoureuse de Charlot.

CHARLOT, amoureux de Colette.

LE BAILLI.

MATHURIN, garçon du Moulin.

La Scène est au Moulin.

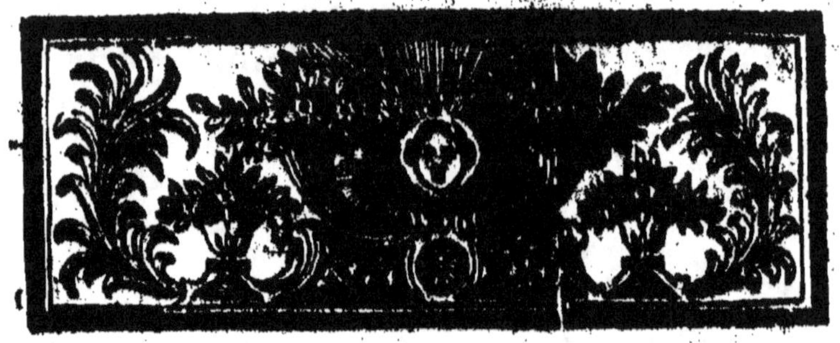

LE MARI RETROUVÉ, *COMÉDIE.*

SCENE PREMIERE.

LÉPINE, CLITANDRE.

LÉPINE.

MA FOI, Monsieur, c'est une sotte chose que l'Amour, convenez-en de bonne foi! tant que vous n'avez été que libertin, vous avez vécu le plus heureux homme du monde : pourquoi diantre changer des maniéres dont vous vous êtes si bien trouvé ?

CLITANDRE.

Que veux-tu que je fasse, mon pauvre Lépine ? Il ne dépend pas de moi de résister aux charmes de l'aimable Colette, & son mérite & sa beauté me paroissent dignes d'une fortune plus considérable que celle que je puis lui faire.

LÉPINE.

Comment, diable! voilà une passion bien sérieuse, au moins; & pour la petite niéce d'une Meûnière encore! Cette aventure-là fera du bruit, Monsieur, & ce sera un des beaux chapitres du Roman de votre vie.

CLITANDRE.

C'en sera la conclusion, mon enfant, & je borne tous mes desirs, toute ma félicité au seul plaisir de me faire aimer d'une si charmante personne.

LÉPINE.

Hé fi donc, Monsieur, c'est bien à moi qu'il faut dire cela.

CLITANDRE.

Je te dis vrai.

LÉPINE.

Quoi! vous qui avez passé de si doux momens dans les plus agréables compagnies de la Province; vous qui êtes la coqueluche de tout le Gâtinois, & les délices de toutes les coquettes de Montargis; vous allez vous borner ici, & vous amuser à filer le parfait amour dans un moulin! Vous vous mocquez, je pense.

CLITANDRE.

Je ne me moque point, je m'abandonne à ma destinée. Je n'ai jamais rien vû de plus aimable que Colette, & jamais je n'aimerai qu'elle.

LÉPINE.

C'est-à-dire, que vous voilà déterminé à ne vous point marier; car apparemment vous ne voulez pas faire de la petite Meûnière autre chose qu'une Maîtresse?

CLITANDRE.

Pourquoi non? Est-ce la naissance qui doit déterminer au choix d'une femme? c'est le mérite & la vertu qui font des mariages, & je trouve dans la personne de Colette tout ce qu'il faut pour me rendre heureux.

LÉPINE.

Puisque vous êtes absolument dans ce goût-là, Monsieur, j'en suis ravi, je vous assure: je vous en félicite, & je pourrai bien avoir l'honneur de devenir votre oncle!

CLITANDRE.

Comment, mon oncle?

LÉPINE.

Oui, Monsieur, Madame Julienne la Meûnière est, comme vous sçavez, la tante de votre charmante Colette.

CLITANDRE.

Hé bien?

LÉPINE.

Hé! bien, Monsieur, je trouve dans la personne de la tante tout ce que vous trouvez dans celle de la niéce : & comme je ne m'oppose point à votre satisfaction, vous ne voudrez pas mettre obstacle à ma petite fortune, peut-être.

CLITANDRE.

Quelles visions tu te mets dans la tête ! Toi, épouser Madame Julienne ! il faut auparavant qu'elle devienne veuve.

LÉPINE.

Oh ! elle l'est, Monsieur, le Meûnier est défunt, sur ma parole.

CLITANDRE.

Tu ne sçais ce que tu dis, cela n'est point.

LÉPINE.

Que diantre seroit-il donc devenu ? On l'a assommé quelque part, sur ma parole ; tout le monde le croit du moins : & il faut que Madame Julienne en soit bien sûre, elle, car depuis quelques jours elle est d'un contentement, d'une gayeté .....

CLITANDRE.

Je lui pardonnerois de ne le pas regretter : un fou, un imbécille, qui, sans la résistance de sa femme, auroit rendu sa pauvre petite niéce malheureuse.

LÉPINE.

Il prétendoit la marier à Monsieur le Bailli, & ce Monsieur le Bailli n'a pas encore renoncé tout-à-fait à ses prétentions.

CLITANDRE.

Il peut se flatter tant qu'il lui plaira, mais la tante est dans mes intérêts.

LÉPINE.

Vos affaires sont en bonnes mains, c'est une maîtresse femme. La voici, Monsieur.

SCENE II.

JULIENNE, CLITANDRE, LÉPINE.

JULIENNE.

VOtre sarvante, Monsiequ Clitandre. Hé ! bian, qu'est-ce ? êtes-vous toujours bian amoureux de ma niéce ? terminerons-je cette affaire-là ? il ne faut point tant barguigner, je ferons le Contrat quand vous voudrez. A quand la nôce ? que j'y danserai de bon cœur ! je ne me suis jamais sentie si fort en joye.

LÉPINE.

Oh ! le bon-homme Julien est trépassé, il n'y a point de milieu.

CLITANDRE.

Que je suis ravi, ma chére Madame Julienne, de vous trouver dans ces sentimens ! si ceux de votre charmante niéce m'étoient aussi favorables.....

JULIENNE.

Seriais-vous encore à vous en appercevoir ? & depuis un mois que son bourru d'oncle a quitté le Moulin, n'avez-vous pas eu tout le tems & toute la commodité de lui conter vos raisons, & de sçavoir ce qu'elle a dans l'aine ?

CLITANDRE.

Je crois lire dans ses yeux & dans ses maniéres qu'elle n'est pas insensible à ma tendresse : mais j'ai beau la presser de consentir à l'union que vous voulez faire, l'éloignement de votre mari, le dessein qu'il avoit de lui faire épouser ce malheureux Bailli, la crainte où elle est qu'à son retour il ne fasse éclater son ressentiment contre vous...

JULIENNE.

De quoi se mêle-t-elle ? sont-ce-là ses affaires ? Je veux le fâcher, moi, je veux qu'il me querelle, en cas qu'il me revienne, da, car...

LÉPINE.

Oh ! Madame Julienne sçait bien ce qu'elle fait, Monsieur.

JULIENNE.

Oh ! pour cela, oui, j'ai toujours voulu être la maîtresse. Quand Julian me faisoit l'amour, il m'a tant dit qu'il étoit mon sarviteur, que je n'en ai jamais voulu démordre. Du depuis que je sommes mariés, il a voulu faire le maître, oh ! dame, je nous sommes trouvés deux, je nous sommes querellés, je nous sommes battus, aussi ça fait que je ne nous aimons guéres. A la parfin je l'y ai fait désarter la maison ; & de cette magniére-là, je suis demeurée la maîtresse, moi, comme vous voyez.

LÉPINE.

Si la niéce suit l'éxemple & les leçons de la tante, vous allez faire un beau mariage, Monsieur.

CLITANDRE.

Paix, tais-toi.

JULIENNE.

M'en croirez-vous, Monsieu Clitandre ? Sarvez-vous de l'occasion : vous aimez Colette, alle est gentille, alle a de bon bian : j'ons vingt mille frans à elle, ça est bon à prendre : je vous la veux bailler, parce que Julian la vouloit bailler à un autre. Si par aventure je n'avois plus personne qui m'obstinît, je changerois d'avis, peut-être, & vous en enragerois, je gage.

CLITANDRE.

Oui, je serois au désespoir, si vous deveniez contraire à mon amour. J'adore votre aimable niéce, je fais tout mon bonheur de la posséder : disposez-la seulement à ce mariage ; nous en ferons, quand il vous plaira, la cérémonie.

JULIENNE.

Dame, acoutez, je prétends que ça fasse fracas dans le païs, & que tout le monde sçache que vous serez mon neveu.

CLITANDRE.

Je m'en fais trop de plaisir pour ne m'en pas faire honneur, je vous assure.

JULIENNE.

Bon, tant mieux, le Bailli en crévera de dépit, & je m'en vais faire prier de la nôce toutes les Meûnières des environs, pour qu'alles ayent la rage au cœur de voir Colette devenir grosse Madame.

LÉPINE.

La bonne personne, que Madame Julienne!

JULIENNE.

Il faut faire les fiançailles drès aujourd'hui, Monsieu Clitandre, je baillerai le festin, moi, ayez-nous des Ménétriers tant-seulement.

LÉPINE.

C'est mon affaire, à moi, je m'en charge.

CLITANDRE.

Et moi, je vais avertir ma famille de la résolution que j'ai prise, les inviter à venir prendre part à mon bonheur, & je me rends ensuite auprès de votre charmante niéce, pour ne la quitter de ma vie.

JULIENNE.

L'aimable petit homme! Adieu, mon neveu.

SCENE III.

JULIENNE, LÉPINE.

JULIENNE.

CEtte parenté-là ne fera point de déshonneur à la profession, Monsieu de Lépeine.

LÉPINE.

Non vraiment, & voilà votre Moulin illustré, Madame Julienne.

JULIENNE.

Vous ne sçauriais croire le plaisir que ça me fait, & si pourtant je ne sis pas glorieuse.

LÉPINE.

Un peu d'ambition n'est pas blâmable.

JULIENNE.

Ça ne me tourmente point, & je voudrois que mon pauvre mari fût mort, on verroit bian que ce n'est pas la vanité qui me gouvarne.

LÉPINE.

Vous ne seriez pas fâchée d'être veuve, Madame Julienne ?

JULIENNE.

Il m'est avis que non, Monsieu de Lépeine, je crois que ça est drôle : je ne l'ai jamais été, ça me seroit nouviau, & les femmes ne haïssont pas la nouviauté, comme vous sçavez.

LEPINE.

Non vraiment.

JULIENNE.

S'il étoit vrai, comme chacun dit, que Julian fût défunt ... je ne lui souhaite point de mal, le Ciel m'en préserve.

LÉPINE.

Vous avez le cœur trop bon pour cela, assurément : mais si le mal étoit arrivé par aventure ?

JULIENNE.

Oh ! Dame, en cas de ça, Dieu veuille avoir son ame ; cet homme-là m'a bian tourmentée.

LÉPINE.

Vous ne vous remarieriez pas, je gage ?

JULIENNE.

Vous croyez cela, Monsieu de Lépeine ?

LÉPINE.

Oui, vous vous êtes si mal trouvée de ce mari-là...

JULIENNE.

Hé voirement, ce seroit pour être mieux, que je voudrois en prendre un autre.

LÉPINE.

Cela est de fort bon sens.

JULIENNE.

N'est-il pas vrai ?

LÉPINE.

Il faudroit bien prendre garde au choix que vous feriez.

JULIENNE.

Il est déjà tout fait, Monsieur de Lépeine.

LÉPINE.

Il est déjà fait ! quelle précaution de femme !

JULIENNE.

Oh ! dame, je ne fis pas une barguineuse, moi.

LÉPINE, *à part.*

Parbleu, c'est à moi qu'elle en veut, je l'avois bien prévû, je serai l'oncle de mon maître.

JULIENNE.

Drès que je suis menacée de queuque accident, je songe d'abord au remède, voyez-vous ?

LÉPINE.

C'est fort prudemment fait. Et quel heureux mortel, Madame Julienne, seroit l'antidote de votre veuvage ?

JULIENNE.

Un bon garçon, de qui je ferai la forteune, Monsieur de Lépeine.

LÉPINE, *à part.*

C'est moi.

JULIENNE.

Jeune, & de bonne himeur.

LÉPINE, *à part.*

Justement, c'est moi.

JULIENNE.

Beau, bien fait.

LÉPINE, *à part.*

Oh ! c'est moi sans contredit.

JULIENNE.

Et do qui je sis sûre que je ferai ce que je voudrai.

LÉPINE.

Oui, Madame Julienne, je vous en réponds, & vous me verrez toujours l'homme du monde le plus amoureux & le plus reconnoissant.

JULIENNE.

Je vous varrai amoureux! de qui? & reconnoissant! de quoi?

LÉPINE.

De toutes les bontés que vous avez pour moi.

JULIENNE.

Hé! voirement, je n'en ai point, ce n'est pas vous que ça regarde.

LÉPINE.

Ce n'est pas moi....

JULIENNE.

Hé fy donc, vous vous gaussez, je pense. Oh! vous n'êtes pas d'une corpulance à devenir Meûnier, le Moulin dépériroit entre vos mains. Je sis bian votre sarvante, je ne veux pas quitter la profession. Allez nous chercher des Menêtriers. Jusqu'au revoir, Monsieur de Lépeine.

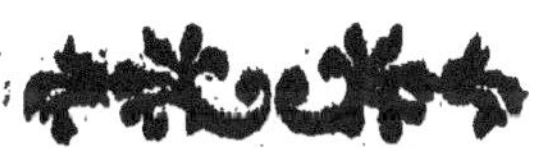

SCENE IV.

LÉPINE seul.

MAugrebleu de la masque, avec son Moulin. Ce sera quelque jeune Meûnier du voisinage qui lui aura donné dans la vûe. A la peinture qu'elle a faite pourtant, je me suis reconnu trait pour trait, beau, bien fait. Il est vrai qu'elle n'a point parlé de l'esprit & du mérite, c'est quelque manant dont elle est coëffée, & voilà l'erreur de la plûpart des femmes; ce n'est ni le mérite, ni l'esprit, c'est la taille & la figure qui font aujourd'hui la fortune des hommes.

SCENE V.

Me AGATHE, LÉPINE.

Me AGATHE.

BOn jour, Monsieur de Lépine, comment vous en va?

LÉPINE.

Votre valet, Madame Agathe: fort à votre service.

Me AGATHE.

N'auriez-vous point vû la commère Julienne, par aventure?

LÉPINE.

La voilà qui s'en va de ce côté.

Me AGATHE.

Je m'en vais courir après elle, j'ai une plaisante nouvelle à lui apprendre.

LÉPINE.

Et quelle?

Me AGATHE.

Son mari n'est pas mort, Monsieur de Lépine.

LÉPINE.

Cette nouvelle-là ne lui plaira point, Madame Agathe, ne vous pressez point de la lui donner.

Me AGATHE.

Hé! le plaisant n'est pas qu'il soit en vie, c'est qu'il va se marier.

LÉPINE.

Du vivant de sa femme?

Me AGATHE.

Oüi vraiment, il ne s'embarrasse pas de ça, & il faut y mettre empêchement, n'est-ce pas?

LÉPINE.

Oh! point du tout, il n'y a qu'à le laisser faire, elle lui rendra bien le change, sur ma parole.

Me AGATHE.

Je sçai bien qu'ils ne s'aiment guéres: mais ça ne

ne fait rien, une femme a beau ne se pas soucier de son mari, elle aime toujours bien mieux qu'il soit mort, que non pas qu'il en épouse d'autres.

LÉPINE.

Mais vous êtes bien sûre de cette nouvelle-là, Madame Agathe ?

Me AGATHE.

Si j'en suis sûre ? c'est le cousin Vincent qui me l'a dit; il revient de Nemours, comme vous sçavez.

LÉPINE.

Hé! bien?

Me AGATHE.

Hé! bien! il a trouvé là le Meûnier qui s'est fait Rat de cave. Ils ont joué bouteille à la boule ensemble, & en buvant, le Meûnier lui a tout conté: qu'il est amoureux de la fille d'un Cabaretier; qu'il y a trois ans que cet amour-là lui trotte dans la cervelle, & que comme il n'aime point Madame Julienne, & que Madame Julienne ne l'aime point, il a trouvé à propos de devenir veuf, sans qu'il mourût personne, & de se remarier en survivance.

LÉPINE.

Cela est fort commode: mais le Meûnier est fort indiscret.

Me AGATHE.

Oh! il a bien recommandé le secret au cousin. Aussi le cousin ne l'a dit qu'à moi, je ne l'ai dit qu'à vous, je ne le dirai plus qu'à la commère Julienne.

LÉPINE.

Et je n'en ferai confidence qu'à trois ou quatre de mes amis, moi.

Me AGATHE.

Priez-les bien de n'en point parler, Monsieur Lépine. Je meurs d'impatience de le conter à la commere ; il est bon qu'elle prenne un peu l'avis de sa famille là-dessus ; je crois qu'elle ne feroit pas mal de faire avertir celle de son mari, qu'en dites-vous ?

LÉPINE.

Oui, oui, vous avez raison, un secret est bien entre vos mains, Madame Agathe.

Me AGATHE.

Oh, je ne manque ni de discrétion, ni de jugement, ni de conduite. Je vous dis adieu, Monsieur de Lépine.

SCENE VI.

LÉPINE seul.

VOilà un incident qui change la situation de nos affaires ; il faut en faire part à mon Maître. Je n'ai que faire de me presser de retenir les Menêtriers jusqu'à nouvel ordre ; les fiançailles & le festin pourront bien être retardés, & Madame Julienne ne dansera pas de si bon cœur qu'elle croyoit, sur ma parole.

SCENE VII.

JULIEN, LÉPINE.

JULIEN, *à part.*

PAlsanguenne, il faut jouer de notre reste : allons, bonne meine & mauvais jeu.

LÉPINE.

Hé ! parbleu, voilà le Meûnier qui revient de Nemours ; il lui a pris quelque remords de conscience, apparemment.

JULIEN.

Je vians prendre congé de mon ancien ménage, & je tâcherai d'emporter de sti-ci de quoi commencer à tenir le nouviau. Quand on n'est pas bian d'un côté, il n'y a pas de mal à se torner de l'autre.

LÉPINE.

Serviteur à Monsieur Julien.

JULIEN.

Ah ! votre valet, Monsieur de Lépeine.

LÉPINE.

Hé, d'où diantre venez-vous donc ?

JULIEN.

Je vians de voyager ; le monde est bian grand, Monsieur de Lépeine.

LÉPINE.

Oui vraiment, & vous aimez fort à voyager, vous, Monsieur Julien.

JULIEN.

Drès que Julianne & moi j'avons queuque grabuge, je me divartis à ça, c'est ma couteume. Tâtigué que de Villes & de Villages ! & si parmi tout ça charchez-moi une bonne femme, vous n'en trouverez morgué pas tant seulement la queue d'une.

LÉPINE.

Vous êtes prévenu contre le sexe, Monsieur Julien : j'ai pourtant oüi dire qu'à Nemours il y avoit d'assez bonne pâte de filles, & qui promettoient...

JULIEN, *à part*.

A Nemours ? ce drôle-là est sorcier, ou bian la mèche est découvarte. Faisons bonne contenance.

LÉPINE.

Vous y avez passé à Nemours ?

JULIEN.

Oui, mais je n'y ai passé qu'en passant... Comment se porte Juliane, Monsieur de Lépeine; j'aime toujours cette masque-là, queuque chagrin qu'alle me baille. J'avons à tout bout de champ maille à partir ensemble; & velà déjà la troisiéme fois qu'alle me fait désarter la maison.

LÉPINE.

Et vous désertez toujours du côté de Nemours, Monsieur Julien ?

JULIEN, *à part*.

Il a morgué queuque soupçon de l'affaire.

LÉPINE.

Vous avez un grand foible pour cette Ville-là, Monsieur Julien.

JULIEN.

Et vous itou, Monsieur de Lépeine, vous en parlez souvent : y auriais-vous queuque connoissance?

LÉPINE.

Si j'y en ai? J'y ai été Rat de Cave.

JULIEN, *à part.*

Rat de Cave? Il se gausse pargué de moi.

LÉPINE.

Il y avoit dans ce tems-là une jolie fille dans une certaine hôtellerie, là; comment appellez-vous? aidez-moi à dire.

JULIEN.

La fille de l'Ecu?

LÉPINE.

Oui, justement, la fille de l'Ecu.

JULIEN, *à part.*

Ce drole-là me veut faire parler : défions-nous de ly.

LÉPINE.

Elle s'appelle, je pense, Mademoiselle.... j'aurai oublié son nom, Mademoiselle.... Mademoiselle....

JULIEN.

Mademoiselle Margot.

LÉPINE.

Là voilà, Mademoiselle Margot de l'Ecu, c'est elle-même.

JULIEN, *à part.*

Il me tire morgué les vars du nez ; baillons-nous de garde.

LÉPINE.

C'étoit une aimable personne dans le tems que je l'ai vûe.

JULIEN.

Oh ! parguenne, alle l'est plus que jamais : si vous la voyais, c'est un petit charme.

LÉPINE.

Ah ! que j'ai été vivement amoureux d'elle, Monsieur Julien !

JULIEN.

Pas tant que moi, je gage ; j'en pars l'esprit, pis qu'il faut vous le dire.

LÉPINE.

Oui vraiment ! Je vous en félicite. Voilà donc la cause de vos fréquentes promenades, Monsieur Julien ?

JULIEN, *à-part.*

Morgué, je jase trop ; mais je ne sçaurois m'en tenir.

LÉPINE.

Et si Madame Julienne vient à sçavoir....

JULIEN.

Oh ! palsangué, ne ly en parlez pas ; ne me jouez pas ce tour-là, Monsieur de Lépeine.

LÉPINE.

Promettez-moi donc de ne vous plus opposer au mariage de mon maître avec votre niéce, & je vous promets, moi, de vous garder le secret.

JULIEN.

Pargué, de tout mon cœur. Touchez-là, voilà qui est fait, je baille ma parole : mais *motus* au moins.

LÉPINE.

Je vous répons de moi. Mais si d'ailleurs on venoit à découvrir .....

JULIEN.

On ne sçauroit, je sis trop dissimulé. Il y a morgué trois ans que ça dure, & parsonne ne se doute de rian, vous n'en sçavez pas le plus principal vous-même. Oh ! pour ce qui est de ça, je sis un rusé manœuvre.

SCENE VIII.

JULIEN, JULIENNE, LÉPINE, Me AGATHE.

JULIENNE.

AH, ah! te voilà, je pense ? & de quoi t'avises-tu de revenir ici, bon vaurien ?

JULIEN.

Madame Juliane !

LÉPINE.

Voilà un mari bien reçû chez lui !

Me AGATHE.

On disoit que vous étiez mort, Monsieur Julien, cela n'est donc pas ?

JULIEN.

Non vraiment, je ne le fis pas.

JULIENNE.

Hé ! pourquoi ne l'es-tu pas, dis ? Je ne sçai qui me tient que je ne te dévisage.

LÉPINE.

Hé, la, la, sans emportement.

JULIEN.

Velà toujours de vos magniéres, Madame Juliane.

JULIENNE *pleurant.*

Il vaudroit bian mieux pour moi que tu le fusses, que non pas de mener la vie que tu menes.

Me AGATHE.

Oh ! pour cela, Monsieur Julien, vous êtes un méchant homme, d'abandonner comme ça tous les ans une pauvre femme qui vous adoreroit si vous étiez raisonnable.

JULIENNE *pleurant.*

Vous sçavez mieux que parsonne, ma commere, toutes les piéces que ce libartin-là m'a faites ; & si pourtant l'autre jour, quand on nous vint dire qu'il étoit défunt, queule inquiétude est-ce que ça me donnit ? je vous en fais juge.

Me AGATHE.

Et moi, ma commere ? il falloit nous voir ; nous étions toutes deux dans des impatiences de sçavoir ce qui en étoit. L'incertitude de ces choses-là fait bien souffrir une pauvre femme, Monsieur de Lépine.

LÉPINE

LÉPINE.

Cela eſt vrai, tout le monde étoit d'une affliction... Vous êtes furieuſement aimé, Monſieur Julien; & quand vous êtes arrivé, je m'en allois chercher des menêtriers, pour nous aider ce ſoir à conſoler tout le Village.

JULIENNE.

Ne ſuis-je pas bien malheureuſe !

JULIEN.

Entrons dans la maiſon, Madame Julianne, & nous parlerons...

JULIENNE.

Dans la maiſon ? Oh ! ne t'aviſes pas d'y mettre le pied, je ne veux pas que tu en approches. Si tu regardes la porte ſeulement...

JULIEN.

Comment ? comment donc ? Qu'eſt-ce que cela ſignifie ?

LÉPINE.

Le Meûnier ne ſera pas le Maître dans le Moulin, ſur mon honneur.

JULIENNE.

J'y mettrois plutôt le feu que non pas qui le fût.

JULIEN.

Quelle enragée ! Mais acoutez donc, Madame ma femme, vous le prenez là ſur un ton...

JULIENNE.

Ta femme, moi? moi ta femme? Ah le bon traître! Il croit parler à sa cabaretière de Nemours, ma commère.

LÉPINE.

A la cabaretière de Nemours!

JULIEN.

La meine est inventée: mais chut.

Me AGATHE.

Etes-vous bien content de votre nouveau ménage, Monsieur Julien?

JULIEN.

Qu'est-ce que vous voulez dire avec votre nouviau ménage? Morgué, vous avez une langue de vipère, Madame Agathe. Vous croyez les contes qu'on vous fait, Madame Julianne?

JULIENNE.

Des contes, bon pendard! Oh! la gueule du Juge en pètera, tu seras pendu, je t'en répons.

JULIEN.

Je serai pendu, moi?

Me AGATHE.

Oüi, par votre cou, mon compere Julien.

JULIEN.

Madame Julianne.

JULIENNE.

Tu m'as fait trop de fredaines, je veux devenir veuve.

JULIEN.

Madame Agathe.

Me AGATHE.

Un debauché qui prend deux femmes ; au diable, au diable, point de miféricorde.

JULIEN.

Par ma foi, vela deux méchantes carognes.

JULIENNE.

Mais ! voyez ce fripon, cet infolent qui nous injurie.

Me AGATAE.

Ce débauché, ce miserable ! Il perd le refpect qu'il nous doit, ma commere.

JULIEN.

Comment du refpect ! Je me donne au diable fi vous me faites prendre un tricot, je le pardrai morgué, bian davantage, prenez-y garde.

JULIENNE.

Un tricot ! au fecours, à la force, on me roue de coups, on m'affaffine, à la Juftice, à la Juftice.

Me AGATHE.

Un tricot ! bon, ferme, courage, ma commere, à la Juftice, à la Juftice.

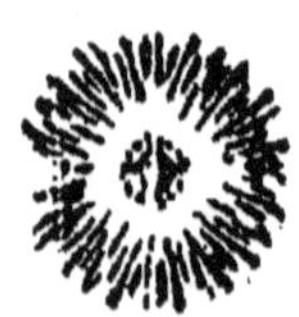

SCENE IX.

JULIEN, LÉPINE.

JULIEN.

ALles avont le diable au corps, Monsieur de Lépeine.

LÉPINE.

Oüi vraîment, & je vous trouve fort à plaindre d'avoir affaire à ces deux masques-là.

JULIEN.

Moi ! palsangué, je ne les crains point, je les mets à pis faire.

LÉPINE.

S'il étoit vrai que vous eussiez épousé cette Mademoiselle Margot de l'Ecu, l'affaire seroit fâcheuse.

JULIEN.

Oh ça n'est morgué pas fait à demeurer, il n'y a encore que le Contrat de dressé, voyez-vous.

LÉPINE.

Que le Contrat de dressé ! Oh ! ce n'est qu'une bagatelle, on ne sçauroit vous faire un crime que de l'intention, & je vois bien que cela n'ira qu'aux Galéres.

JULIEN.

Aux Galeres, Monsieur de Lépeine !

LÉPINE.

Oüi, à moins que votre femme n'eût pour ami quelque Juge qui eût l'adresse de donner un tour à l'affaire, & de vous faire pendre à sa considération.

JULIEN.

Alle est morguenne, assez malicieuse pour ça. Mais vola une extravagante créature ! Alle voudroit être défaite de moi, je voudrois être débarrassé d'elle ; qu'alle me passe veuf, je la passerai veuve. Il m'est avis qu'il ne faudroit pour ça qu'un petit mot d'accommodement sous seing privé ; & quand je serions d'accord une fois, ce ne seroit l'affaire de parsonne ; Qu'est-ce qui s'aviseroit de nous plaider ?

LÉPINE.

Vous avez raison ; Mais Madame Julienne est une femme réguliere qui veut être veuve dans toutes les formes ; c'est là sa folie.

JULIEN.

Ce seroit bian la mienne itou : mais comment s'y prendre ?

LÉPINE.

Elle va faire sa plainte, & l'on informera contre vous. Je ne vous crois pas ici trop en sûreté, Monsieur Julien, si vous m'en croyez.

JULIEN.

Parguenne, à bon chat, bon rat : pis qu'alle

le prend comme ça, je m'en vas l'y jouer d'un tour à quoi elle ne s'attend pas : le Bailli est plus de mes amis que des siens, alle n'a qu'à se bian tenir.

LÉPINE.

Comment ? Quel est votre dessein ?

JULIEN.

Tatigué, je n'en dirai mot de stila, en arrivera ce qui pourra, je varrons lequel ce sera de nous deux qui aura plutôt l'esprit de faire pendre l'autre. Votre valet, Monsieu de Lépine, jusqu'au revoir.

LÉPINE.

Je vous baise les mains, Monsieur Julien.

SCENE X.

LEPINE, CHARLOT.

LÉPINE, *à part.*

VOilà une agréable société. Il y a d'heureux mariages dans le monde !

CHARLOT, *à part.*

L'amour & la jalousie me feront devenir fou, moi qui fis si sage & si raisonnable.

LÉPINE, *à part.*

Voilà le garçon du Moulin de Madame Julienne. Ah ventrebleu ! ne seroit-ce point lui qui lui auroit donné dans la vuë, & qu'elle coucheroit en joue en cas de veuvage ?

CHARLOT, *à part.*

N'est-ce pas-là le valet de ce Houberiau, qui fait l'amoureux de ma chére Colette ?

LÉPINE, *à part.*

Que parle-t'il, de Colette ?

CHARLOT, *à part.*

Je ne l'y ôterai morgué pas mon chapiau le premier, je l'y en veux trop.

LÉPINE.

Qu'est-ce que c'est donc, Monsieur Charlot, vous me paroissez bien fier aujourd'hui ?

CHARLOT.

Parguenne, comme de couteume, & si ça ne vous convient pas, je m'en gausse; je ne vous charchons pas, laissez-nous en repos.

LÉPINE.

Vous avez quelque chose dans la tête, à ce qu'il me semble ?

CHARLOT.

Ça est vrai, il vous semble bian, j'y ai la volonté de vous paumer la gueule, Monsieu de Lépeine.

LÉPINE.

A moi ?

CHARLOT.

Oüi, palsanguenne à vous : vous êtes un débaucheux de filles. Je sis Garde-Moulin, le Meûnier n'y est pas, vous en voulez à la niéce; mais si vous me faites prendre un gourdin....

LÉPINE.

Qu'est-ce à dire, un gourdin ?

CHARLOT.

Je ne parle pas pour à stheure, c'est une magniere d'avertissement, pour en cas que vous y reveniais.

LÉPINE.

J'y reviendrai quand il me plaira, Monsieur Charlot.

CHARLOT.

Quand il vous plaira, Monsieur de Lépeine ?

LÉPINE.

Assurément, quand il me plaira.

CHARLOT.

Hé bian, revenez-y, ce sont vos affaires, vous êtes le maître.

LÉPINE.

Et si vous vous avisez de faire le raisonneur, sçavez-vous bien que vous vous attirerez mille coups de bâton, mon petit ami ?

CHARLOT.

Mille coups de bâton ! c'est biaucoup, Monsieur de Lépeine.

LÉPINE.

Vous les aurez, si vous raisonnez.

CHARLOT.

Hé bian, je ne raisonnerai point, vela qui est fini.

LÉPINE.

Vous ferez sagement ; & pour vous faire voir qu'on ne vous craint guéres, c'est que je veux bien vous avertir que mon maître épouse aujourd'hui Colette ; entendez-vous ?

CHARLOT.

Il épouse aujourd'hui Colette, Monsieur de Lépeine ?

LÉPINE.

Oüi, vous dis je.

CHARLOT.

Et il l'épouse en vrai mariage ?

LÉPINE.

En vrai mariage. Le festin est commandé, les parens & les amis priés ; je m'en vais chercher les violons, moi.

CHARLOT.

Hé ! mais morgué, que votre maître ne fasse pas cette sotise-là, il s'en répentiroit. Colette est amoureuse de moi, Monsieur de Lépeine.

LÉPINE.

Colette est amoureuse de vous ?

CHARLOT.

Drès le cerciau, vous dit-on, je l'ai élevée à la brochette ; & tenez, la vela qui viant, je m'en vais vous le faire dire.

LÉPINE.

Parbleu, je le voudrois de tout mon cœur, mon maître n'auroit que ce qu'il merite.

SCENE XI.

COLETTE, LEPINE, CHARLOT.

COLETTE.

Bon-jour, Charlot.

CHARLOT.

Comme alle me dit bon-jour de bonne amitié, voyez-vous ?

LÉPINE.

Cela est fort tendre.

COLETTE.

Votre servante, Monsieur de Lépine.

LÉPINE.

Je vous baise bien les mains, Mademoiselle Colette.

COLETTE.

Quest-ce donc, mon garçon ? tu me parois tout triste ?

CHARLOT.

Hé ! tatigué, comment ne le serois-je pas ? n'an veut bailler du croc en jambe à l'amour que j'avons l'un pour l'autre.

COLETTE.

Nous avons de l'amour l'un pour l'autre ! Qui t'a dit cela, Charlot ?

CHARLOT.

Hé! pargué, je sens bian le mien, parsonne n'a que faire de me le dire; & pour ce qui est du vôtre, il m'est avis que du depis quatre ans vous m'en avez baillé tant de signifiance.....

LÉPINE.

Haye, haye, haye.

COLETTE.

Je t'ai donné des signifiances d'amour, moi? Hé! qu'est-ce que c'est que l'amour, Charlot, je ne le connois pas encore?

CHARLOT.

O! tatigné non, qualle ignorante! alle en sçait morgué bian plus qu'alle ne dit, Monsieu de Lépeine.

COLETTE.

Mais vraiment, Charlot, tu perds l'esprit, & tu ferois croire des choses....

CHARLOT.

Pargué, je le fais exprès; je sis bian-aise qu'on sçache ce qui en est, & je ne veux pas que vous attrapiais parsonne: oh! j'ai de la conscience, moi.

LÉPINE.

Voilà un honnête garçon.

COLETTE.

J'en ai aussi, je t'assure; & pour te tirer de ton erreur, je te dirai en bonne conscience que je ne t'aime point, que je ne t'ai jamais aimé, & que je ne t'aimerai de ma vie.

LÉPINE.

Cela est fort clair, Monsieur Charlot, & voilà une déclaration dans les formes.

CHARLOT.

Oh! palsanguenne, alle ne pense point ça, c'est pour vous le faire accroire: morgué c'est un animal bien trompeux que la femelle d'un homme!

LÉPINE.

Il ne faut pas toujours se fier aux apparences, Monsieur Charlot.

CHARLOT.

Me traiter de la magnière! allez, cela n'est ni biau ni honnête, après tout ce qui s'est passé depis que je nous connoissons.

COLETTE.

Hé! que s'est-il passé, dis marousle, qui te fasse penser que j'ai de l'amour pour toi?

CHARLOT.

Quoi! je n'ons pas joué ensemble à la Madame, à Colin-Maillard, à la Queu-leleu, à Petangueulet?

COLETTE.

Hé bien!

CHARLOT.

Ce n'est rien que ça, n'est-ce pas? & quand je jouions à la Cleumisette; acoutez, ne me faites pas parler.

COLETTE.

Parle, parle, je ne te crains point : quand nous jouions à la Cleumisette ; que veux-tu dire ?

CHARLOT.

On nous trouvoit tous deux dans la même cache. Sont-ce des preuves que ça, Monsieur de Lépeine ?

LÊPINE.

Non vraiment.

COLETTE.

Voyez le grand malheur ! Hé ! pourquoi m'y venois-tu trouver, dis ?

CHARLOT.

Parce que je vous aime : Mais pourquoi ne me chassiais-vous pas, vous ?

COLETTE.

Parce que je ne sçavois pas que tu m'aimasses, & que je ne t'aimois pas, moi.

CHARLOT.

Alle ne m'aimoit pas ! qu'alle est trigaude ! Quand je dansions aux chansons, alle étoit toujours la premiére à me prendre, & si alle auroit voulu pouvoir me tenir par les deux mains, tant alle étoit assotée de ma parsonne.

COLETTE.

Tu t'es figuré cela, mon pauvre Charlot.

CHARLOT.

Oh ! pargué non, je sçai bian ce que je dis. Tenez, Monsieu de Lépeine, alle faisoit cent fois plus de careſſe aux francs moigneaux que je ly dénichois, qu'à tous les marles que lui bailloient les autres. Morgué, n'êſt-ce pas là de l'amour ? je vous en fais juge.

LÉPINE.

Il y a quelque choſe à dire à cela, vous avez raiſon : mais il n'y a pas de quoi rebuter mon maître, & ces bagatelles-là ne l'empêcheront pas de conclure le mariage.

CHARLOT.

Ça ne l'en empêchera pas ?

LÉPINE.

Non vraiment.

CHARLOT.

Tatigué, que je ſis fâché de ce qu'il n'y en a pas davantage.

COLETTE.

J'en ſuis fort contente, moi. Tu l'aurois dit de même ?

CHARLOT.

Oh ! pour ſti-là, oui, je vous en réponds.

COLETTE.

Où eſt votre maître, Monſieur de Lépine ?

LÉPINE.

Vous ne tarderez pas à le voir ; je vais vous l'amener dans le moment même.

COLETTE.

Et moi, je vais l'attendre avec impatience.

CHARLOT.

Hom, la masque !

SCENE XII.

COLETTE, CHARLOT.

COLETTE.

ADieu, Charlot, ne te chagrine point ; je t'aimes toujours un peu. Va, tiens, baise ma main.

CHARLOT.

Non, morgué, je n'en ferai rian, je cracherois plutôt dessus. Fy, pouas, la perfide, la vilaine.

COLETTE.

Tu fais le mauvais, tant pis pour toi, je ne m'en soucie guéres.

SCENE XIII.

CHARLOT seul.

CEs carognes de filles ! être déja traîtresses, à cet âge-là ! Ça ne s'apprend point, ça leur viant tout seul. Tians, baise ma main, le biau régal ! C'est Madame Julianne qui fait ce mariage pour me faire piéce; car alle est fâchée que j'aime Colette, marguenne alle me le payera: le Bailli l'aime itou cette Colette, c'est un matois qui en sçait bian long; je m'en vais le trouver, je leur baillerons du fil à retordre.

SCENE XIV.

Me AGATHE, CHARLOT.

Me AGATHE.

HÉ! où vas-tu si vîte, Charlot? attens, attens; j'ai quelque chose à te dire.

CHARLOT.

Dépêchez-vous donc; car j'ai queuque chose à faire, moi.

Me AGATHE.

Colette va être mariée avec un Monsieur, sçais-tu bien cela?

CHARLOT.

Oh, morguenne! ça n'est pas bien sûr, j'y boutrons queuque empêchement, ou je ne pourrons.

Me AGATHE.

Hé! pourquoi ça? qu'est-ce que ça te fait?

CHARLOT.

Comment morgué! qu'est-ce que ça me fait? Ne seroit-ce point vous qui auriais baillé conseil à notre maîtresse de me jouer ce tour-là?

Me AGATHE.

Moi! par quelle raison?

CHARLOT.

Morgué, que sçais-je ? Pour m'avoir peut-être, car vous êtes folle de moi, Madame Agathe.

Me AGATHE.

Je suis folle de toi, tu ne le mérites guéres.

CHARLOT.

Si fait, parguenne, il n'y a que Colette que j'aime mieux que vous, la peste m'étouffe !

Me AGATHE.

Hé ! pourquoi l'aimes-tu mieux que moi, dis ?

CHARLOT.

Pargué, parce qu'alle me plaît davantage. Que voulez-vous que je vous dise ?

Me AGATHE.

Elle te plaît davantage ! une petite coquette !

CHARLOT.

Ça est vrai.

Me AGATHE.

Qui te préfère un autre amoureux.

CHARLOT.

Vous avez raison.

Me AGATHE.

Et cela ne te corrige point de la passion que tu as pour elle ?

CHARLOT.

Pargué non ; & je vous préfère bian Colette, moi, ça vous corrige-t-il ?

Me AGATHE.

Cela le devroit bien faire.

CHARLOT.

Oui, mais ça ne le fait pas, & pourquoi velez-vous que je ne sois pas aussi mal-aisé à corriger que vous, Madame Agathe?

Me AGATHE.

Mais promets-moi donc que tu m'épouseras, si tu ne peux empêcher le mariage de Colette.

CHARLOT.

Oh! pour ce qui est d'en cas de ça, je le veux bian. Si Colette m'échappe, je me baille à vous par désespoir, vela qui est fini.

Me AGATHE.

Par désespoir! je ne te devrois qu'à ton désespoir?

CHARLOT.

Tatigué qu'importe à qui? Vous ne velez que m'avoir une fois, vous m'aurais, & je vous baillerai la préférence sur Madame Julianne qui me marchande itou.

Me. AGATHE.

La commère Julienne est amoureuse de toi!

CHARLOT.

Oui, alle me mitonne pour en cas qu'alle soit veuve: mais queuque sot, je ne m'y frote pas. Drès que je serions mariés alle en mitonneroit peut-être queuque autre pour être veuve de moi. Je n'aime morgué point ces prévoyeuſes-là, Madame Agathe.

Me AGATHE.

Et tu as bien raiſon.

CHARLOT.

Tatigué, je ly en veux plus qu'à une autre, ſtelle-là, c'eſt elle qui fait le mariage de Colette.

Me AGATHE.

Toujours Colette. Cela te tient bien au cœur, petit vilain.

CHARLOT.

J'en ſerois plus d'à demi conſolé ſi alle épouſoit queuque autre que cet Houberiau, & que je trouviſſe la magniere de me vanger de Madame Julianne. Morguenne, aidez-moi à ça, Madame Agathe.

Me AGATHE.

Très-volontiers, mais comment s'y prendre ?

CHARLOT.

Comment morguenne ! Allons demander conſeil à Monſieur le Bailli, c'eſt bian le meilleur homme, le plus honnête, le plus habile homme, pour faire du mal à queuqu'un, dà. Il ſçait morgué ſur le bout du doigt toutes les rubriques de la Juſtice.

Me AGATHE.

Ça n'eſt pas mal imaginé. Allons, viens.

CHARLOT.

Non, ne bougeons, le vela ly-même tout à point, comme ſi je l'avions mandé. Sarviteur, Monſieu le Bailli.

SCENE XV.

Me AGATHE, LE BAILLI, CHARLOT.

LE BAILLI.

BOn-jour, Monsieur Charlot, bon-jour.

Me AGATHE.

Monsieur le Bailli, je suis bien votre servante.

LE BAILLI.

Votre valet, Madame Agathe. Hé bien, qu'est-ce, mes enfans? Voilà d'étranges nouvelles, cette scélerate de Julienne!

CHARLOT.

Morgué, bon, il enfourne bian, j'aurons bonne issue. Vous sçavez déja ça, Monsieu le Bailli?

LE BAILLI.

Il y a plus de quinze jours que je le soupçonne; mais je n'ai point voulu faire d'éclat que je n'en eusse quelque certitude.

CHARLOT.

Oh! parguenne, n'y a point à en douter à présent, c'est une affaire sûre.

Me AGATHE.

On ne parle d'autre chose dans tout le Village.

LE BAILLI.

En ſçavoz-vous quelque particularité, & ne pourriez-vous point ſervir de témoins dans tout ceci, vous autres?

CHARLOT.

Pargué vous en ſarvirez vous-même; ils allont faire la nôce, & vela les menêtriers qui allont venir.

LE BAILLI.

Comment des Menêtriers! la nôce de qui?

Me AGATHE.

La nôce de Colette, que Madame Julianne fait épouſer à ce Monſieur Clitandre.

LE BAILLI.

Vraiment, vraiment, elle prend bien ſon temps pour faire une nôce. Oh! je troublerai la fête, ſur ma parole.

CHARLOT.

Et vous ferez fort bian, Monſieur le Bailli.

LE BAILLI.

La malheureuſe!

CHARLOT.

Acoutez, c'eſt une méchante femme. Eſt-ce que vous ſçauriais queuqu'une de ſes petites fredaines.

LE BAILLI.

Oüi de ſes petites fredaines, une bagatelle; elle a fait noyer ſon mari ſeulement.

CHARLOT.

Alle a fait noyer Monſieur Julian ! Vela pourquoi alle me mitonnoit, voyez-vous.

Me AGATHE.

Ça ne ſe peut pas, Monſieur le Bailli, je viens de le voir.

LE BAILLI.

Vous avez rêvé cela, Madame Agathe, il y a plus d'un mois qu'il eſt défunt, je le ſçai de bonne part.

Me AGATHE.

Il n'y a qu'un quart-d'heure que j'ai quitté Monſieur Julien, vous dis-je.

LE BAILLI.

Oüi, un faux Monſieur Julien qu'elle aura attitré pour faire prendre le change.

Me AGATHE.

Oh ! point du tout, c'eſt le véritable, elle l'a reçû comme un vrai mari, je l'ai aidée à le battre, moi, Monſieur le Bailli, puiſqu'il faut vous le dire.

LE BAILLI.

Bagatelle, je ne donne point là-dedans ; & nous avons, le Procureur Fiſcal & moi, commencé une procédure que nous ſoutiendrons vigoureuſement.

CHARLOT.

Je vous le diſois bian, Madame Agathe, c'eſt un bian honnête homme, un bian habile homme que notre Monſieur le Bailli.

Me AGATHE.

Mais le compere Julien n'eſt point défunt, ce ſont des contes.

CHARLOT.

Je crois pargué bian que ſi, moi, & s'il ne l'étoit pas, il faudroit qu'il le devenît, puiſque Monſieu le Bailli le dit. Eſt-ce que la Juſtice eſt une menteuſe, Madame Agathe ?

LE BAILLI.

Monſieur Charlot prend fort bien la choſe, & il n'eſt pas qu'il n'ait quelque connoiſſance du fait.

CHARLOT.

Moi, Monſiéur le Bailli ?

LE BAILLI.

Oüi vous : votre témoignage ſera d'un grand poids dans cette affáire-ci.

CHARLOT.

Mon témoignage ſera de poids ?

LE BAILLI.

Sans doute.

CHARLOT.

Pargué bon, tant mieux, vela de quoi me vanger de Madame Julianne. Ça voyons, qu'eſt-ce qu'il faut que je témoigne, Monſieur le Bailli ?

LE BAILLI.

Ce que vous ſçavez, on ne vous demande pas autre choſe.

CHARLOT.

Morgué je ne ſçai rian, mais toutcoup vaille. Si

vous veulez que je nous aimions, il faut dire comme moi, Madame Agathe.

Me AGATHE.

Je dirai la verité.

CHARLOT.

Et moi itou; mais aidez-nous à la dire, Monsieu le Bailli; car ce que je sçavons, nous, vous qui sçavez tout, vous le sçavez peut-être mieux que nous, par avanture.

LE BAILLI.

Mais le Meûnier & la Meûniere vivoient en très-mauvaise intelligence, premiérement.

CHARLOT.

Oh! pour stilà oüi, tous les jours ils se battiont ou ils se querelliont très-réguliérement à une cartaine heure, je sis témoin de ça.

Me AGATHE.

Et moi aussi, Monsieur le Bailli.

LE BAILLI.

Bon! le reste est une suite de cela, mes enfans. Le pauvre Julien s'enyvroit quelquefois?

CHARLOT.

Quelquefois; pargué très-souvent; il étoit coûtumier de ça quasiment autant que vous, Monsieu le Bailli.

LE BAILLI.

Voilà le fait; la femme aura pris le temps de l'yvresse du mari, pour executer son mauvais dessein.

CHARLOT.

CHARLOT.

Justement, il avoit trop bû de vin, alle l'y aura voulu faire boire de l'iau, il n'y a rien de plus naturel, ça parle tout seul.

Me AGATHE.

Si ça est, ça est comme ça, Monsieu le Bailli ?

LE BAILLI.

Oui, on l'a jetté dans la riviere, & il ne se trouve point ; voilà ce qui est d'embarrassant.

CHARLOT.

On l'y a mis une piarre au cou. Est-ce une chose si rare qu'une piarre ? En vela un gros tas tout proche du Moulin, où il m'est avis qu'il en manque queuqu'une.

LE BAILLI.

Oui, il en manque quelqu'une ? voilà un bon indice ; mais elle n'aura pas fait cela toute seule ?

CHARLOT.

Non voirement, il faut ly bailler des camarades Hé ! pargué, cet amoureux de Colette & son valet, Monsieur de Lépine. Le défunt ne vouloit pas qu'il épousit sa niéce. C'esteux qui avont fait ce coup, Monsieu le Bailli.

LE BAILLI.

Vous croyez ça, Monsieur Charlot ?

CHARLOT.

Si je le crois ? je l'y en veux morgué trop pour ne me pas croire, & vous le croyez itou, vous, je gage ;

C'est notre rival, Monsieur le Bailli, j'en jurerois, moi, en cas de besoin; ça suffira-t-il pour le faire pendre?

LE BAILLI.

Voilà une cruelle affaire pour ces gens-là!

CHARLOT.

J'allons, pargué, leur tailler de la besogne.

LE BAILLI.

Je les ferai arrêter sur votre déposition, & je vais tout de ce pas faire chercher le Greffier pour la venir recevoir.

CHARLOT.

Qu'il écrive ce qu'il voudra, je sommes témoins de tout, ne vous boutez pas en peine. Pargué, je nous en allons bian rire.

SCENE XVI.

Me AGATHE, CHARLOT.

Me AGATHE.

MAis sçais-tu bien que tu fais-là une fort méchante action, mon pauvre Charlot?

CHARLOT.

Bon! queu conte? ce n'est pas par méchanceté, ce n'est que pour troubler la nôce, & faire enrager Madame Julianne.

Me AGATHE.

Ce ne sont pas-là des bagatelles: il y a là de quoi

la ruiner tout au moins, & cela pourroit aller plus loin même.

CHARLOT.

Oh ! que point, point, Madame Agathe, je nous dédirons quand on sera prêt de la pendre. La voici : si vous m'aimez, laissez-moi faire, ou sans ça la paille est rompue.

SCENE XVII.

JULIENNE, Me AGATHE. CHARLOT.

JULIENNE.

ALlons, gai, gai, mes enfans, allégresse. Ma commere, Julian est redécampé, je ly avons fait peur, & velà nos parens & nos amis qui s'en allont venir aux fiançailles ; je ferons notre nôce tout à gogo, sans rabat-joie.

CHARLOT.

Oh ! pargué, je gage que non : il faudroit pour ça qu'il n'y eût point de Charlot, ni de Bailli, Madame Julianne. Mais, Dieu marci, je ne sis pas noyé, moi ; tatigué, que je l'ai échappé belle ?

JULIENNE.

Tu n'es pas noyé ! vraiement je le vois bian.

CHARLOT.

Non, tatigué, je ne le sis pas, ni le le Bailli nan plus, je vous en avartis.

JULIENNE.

Quand il le seroit, il n'y auroit pas grand dommage ; mais voyez ce qu'il veut dire avec son noyé ! est-ce qu'il a pardu l'esprit, ma commere ?

Me AGATHE.

Dame ! acoutez, si sti-là est fou, Monsieu le Bailli n'est pas trop sage, ils disont comme ça tous deux, que vous avez fait noyer votre mari.

JULIENNE.

Je l'ai fait noyer, moi ! Vous venez de le voir, ma commere ?

Me AGATHE.

Ça est vrai, je l'ai vû ; mais le Bailli dit que non, & Charlot dit de même ; & comme ils sont deux contre un, je ne sçai qu'en croire.

JULIENNE.

Tu oses dire ça, toi ?

CHARLOT.

Parguenne ! oüi, je l'ose dire, & je sis sûr que ça est, j'en boutrois, morgué, la main au feu.

JULIENNE.

Ah, le malheureux !

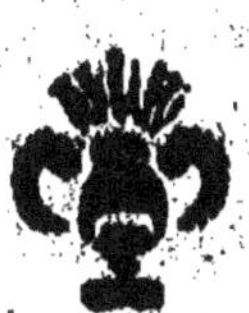

SCENE XVIII.

JULIENNE, Me AGATHE, COLETTE, CHARLOT.

COLETTE.

AH ! ma chere tante, sauvez-vous, vous êtes perdue.

JULIENNE.

Comment ! qu'est-ce qu'il y a ?

COLETTE.

Enfuyez-vous-en vitement, vous dis-je, voilà le Bailli qui amasse du monde, pour venir vous prendre prisonniere.

JULIENNE.

Prisonniere ! moi ?

CHARLOT.

Pargué ! bon, ça commence bian.

COLETTE.

Tout le Village dit que mon oncle est noyé, & que c'est vous & Charlot qui avez fait cette belle affaire, pour vous marier ensemble.

CHARLOT.

Moi ?

Me AGATHE.

Charlot ?

COLETTE.

Oüi, toi-même ; & si cela est, tu feras bien de t'enfuir.

CHARLOT.

Morgué ! ça n'est point, c'est votre monsieu Clitandre, que vous velez dire.

COLETTE.

Clitandre !

CHARLOT.

Oüi, le Bailli est convenu que je le dirion' comme ça. Oh ! dame, si l'on fait un quiproquo je tire mon éplingue du jeu, Monsieu Julian n'est point noyé, je m'en dédis.

SCENE XIX.

JULIENNE, Me AGATHE CLITANDRE, COLETTE, CHARLOT.

CLITANDRE.

Rien ne retarde mon bonheur, j'ai donné les ordres nécessaires . . . . Mais ! que vois-je ! quelle consternation ! qu'avez-vous ?

JULIENNE.

Ah ! mon pauvre Monsieu Clitandre, voici de terribles affaires !

CLITANDRE.

Comment ?

JULIENNE.

Ce Bailli de malheur qui m'accuse d'avoir fait noyer mon mari !

CLITANDRE.

Ah ! quelle noirceur !

SCENE XX.

JULIENNE, Me AGATHE, CLITANDRE, COLETTE, LEPINE, CHARLOT.

LÉPINE.

VOilà des Violons que je vous amenois, Monsieur : mais il faudra les renvoyer, je pense, & Monsieur le Bailli nous prépare d'autres occupations, à ce que je viens d'apprendre.

CLITANDRE.

Sçais-tu le fonds de cette affaire ?

LÉPINE.

Non, Monsieur, je sçai seulement qu'il prétend que nous avons noyé le Meûnier ; & que sur la déposition de ce marousle, on a décreté contre vous & moi.

CLITANDRE.

Décreté contre nous !

CHARLOT.

Ah ! bon, passe pour sti-là.

CLITANDRE *tire l'épée.*

Comment ? maraud....

CHARLOT.

Hé ! miséricorde, Monsieu, ne me tuez pas.

Me AGATHE.

Hé, pardonnez-lui, Monsieu Clitandre.

CHARLOT.

Ce n'est qu'une petite gaillardise que tout ça, la peste m'étouffe.

CLITANDRE.

Une gaillardise, misérable ?

CHARLOT.

Ah ! je sis mort.

LÉPINE.

Ne vous emportez point, Monsieur, ceci n'aura pas de suites. Laissez-moi faire seulement, j'y vais donner ordre.

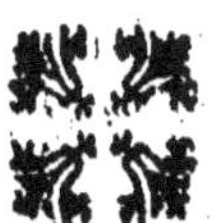

SCENE XXI.

JULIENNE, Mᵉ AGATHE, CLITANDRE, COLETTE, CHARLOT.

JULIENNE.

LEs maris ne donnent jamais que du chagrin, de quelque façon que ce soit, je sis plus morte que vive.

CLITANDRE.

Ne craignez rien, cette affaire est plus désagréable que dangereuse, & le retour de votre mari.....

JULIENNE.

Il est revenu, Monsieu Clitandre.

CLITANDRE.

Il est revenu ? l'imposture ne sera pas difficile à confondre.

JULIENNE.

Le malheureux Bailli & ce coquin-là disent que ce n'est pas ly.

CLITANDRE.

Tu dis cela, pendart ?

CHARLOT.

Moi ? je ne dis plus rian, j'ai perdu la parole.

CLITANDRE.

Il n'a qu'à se montrer, où est-il ?

JULIENNE.

Il s'en est déja retourné, je l'ai trop mal reçû. Où l'aller recharcher? Ah! s'il étoit ici! Que je sis malheureuse!

COLETTE.

Voilà ce vilain Bailli avec toute sa sequelle, ma tante.

SCENE XXII.

JULIENNE, Me AGATHE, CLITANDRE, COLETTE, LE BAILLI, CHARLOT, Suite du Bailli.

CLITANDRE.

AVancez, Monsieur le Bailli, avancez, mais que vos Records se tiennent écartés, sur-tout: car je donnerai de l'épée dans le ventre au premier qui hazardera de s'approcher.

LE BAILLI.

Ah! Monsieur, point d'emportement, ce ne sont ici que de petites formalités, dont le devoir de ma Charge ne me permet pas de me dispenser.

CLITANDRE.

Oüi, vous êtes fort exact: je le vois bien.

LE BAILLI.

L'affaire est importante, Monsieur, il y a ici mort d'homme & supposition, voyez-vous?

CLITANDRE.

Il n'y a ni l'un ni l'autre : mais il pourroit arriver, si vous vous mettez en devoir....

SCENE XXIII.

JULIEN, JULIENNE, Me AGATHE, CLITANDRE, COLETTE, LE BAILLI, LEPINE, CHARLOT.

LÉPINE.

Tirez, tirez, Monsieur le Bailli, & rengainez vos procédures; le défunt n'est pas mort, le voilà que je vous amene.

JULIENNE *embrassant son mari.*

Mon pauvre Julian! mon cher mari!

JULIEN.

Comment! ratigué, queu changement! Julianne est devenue bonne famme. En vous remerciant, Monsieu le Bailli, je n'avons plus que faire de vos écritures.

LE BAILLI.

Comment ! Hé, qui êtes-vous donc, mon ami, vous qui raisonnez ?

JULIEN.

Qui je sis ? hé pargué, je sis moi, avez-vous la barluë ?

LE BAILLI.

Hé ! qui, vous ? Je ne vous connois point.

JULIEN.

Morgué ! tant pis pour vous. Vous êtes plus malado que vous ne croyais, pisque vous avez pardu connoissance.

JULIENNE.

Vous ne reconnoissez pas mon mari, Monsieu le Bailli ?

LE BAILLI

Ce ne l'est point-là, Madame Julienne.

Me AGATHE.

Ce n'est point-là le compere Julien ?

LE BAILLI.

Non, il y a plus de trois semaines qu'il est noyé.

JULIEN.

Je sis noyé, moi ? palsangué, vous en avez menti, Monsieu le Bailli.

LE BAILLI.

Il y a un bon procès verbal qui certifie le fait.

JULIEN.

Oh tatigué ! je çartifie le contraire.

JULIENNE.

Et je nous gaussons du procès verbal.

LE BAILLI.

C'est ce qu'il faudra voir.

CLITANDRE.

Ecoutez, Monsieur le Bailli, vous vous engagez-là dans une affaire...

LE BAILLI.

Le Meûnier est noyé, cela aura des suites.

JULIEN.

Oh bien ! morgué, si je sis nayé, c'est vous qu'I faut pendre : car c'est de votre façon, puisqu'il faut tout dire.

CLITANDRE.

Comment, de sa façon ?

JULIEN.

Oüi, voirement, c'est ly qui m'a conseillé de laisser croire ça, pour faire pendre Julianne.

JULIENNE.

Pour me faire pendre ? tu as eu ce cœur-là, cher petit mari ?

JULIEN.

Morgué, je ne l'ai pas eu long-temps, comme tu vois, je sis sans rancune. Ne me fais plus enrager, je n'irai plus à Nemours, vivons bien ensemble; la Justice en aura un pied de nez, & all alle ne se boutera, morgué, pas dans nos affaires.

SCENE DERNIERE.

JULIEN, JULIENNE, CLITANDRE, COLETTE, LEPINE, Me AGATHE, LE BAILLI, CHARLOT, MATURIN.

MATURIN.

MAdame Julianne, velà ces parsonnes que vous avez fait prier des fiançailles de Colette, qui n'osont approcher, parce qu'ils voyont ici des gens de Justice.

JULIEN.

Ils avont, morgué raison; c'est une vilaine vision. Mais parle donc, hé! femme, est-ce que tu maries comme-ça notre niéce, sans que j'en sçache rien?

JULIENNE.

Oüi, Julian, & si tu n'y bailles pas ton consentement, je recommencerons à querellor, mon enfant, tu n'as qu'à dire.

JULIEN.

Oh! palsangué, non, ne querellons point, j'aime mieux faire tout ce que tu voudras.

CLITANDRE.

Vous n'aurez pas lieu de vous reprocher cette complaisance.

JULIEN.

Je le veux bien, velà qui est fini, Monsieu Clitandre.

Me AGATHE.

Tu sçais bien ce que tu m'as promis, Charlot?

CHARLOT.

Hé! bien, touchez-là, je sis garçon de parole.

JULIEN.

A la franquette, Monsieu le Bailli, je serai, moi, maugré vous, vous avez biau faire. Hé! morgué, laissez-nous en paix, je vous baillerons de bonne amiquié ce que vous pourrais gagner à nous parsécuter. N'est-ce pas être raisonnables?

CHARLOT.

Allons, Monsieu le Bailli, Julien n'a pas tort; c'est vous & moi qui l'avions tantôt jetté à l'lau. Morgué, repêchons-le, qu'est-ce que ça nous coûtera?

LE BAILLI.

Je suis trop humain pour un Bailli, qu'il n'en soit plus parlé; mais au moins....

JULIEN.

Je feronsbien les choses, ne vous boutez pas en peine. Touche-là, Julianne. Avec les fiançailles de Colette, j'allons faire notre remariage. Allons, palsangué, que tout le monde vienne, & que tous les Menêtriers jouyont queuque drôlerie, qui fasse un peu tremousser ces jeunes filles.

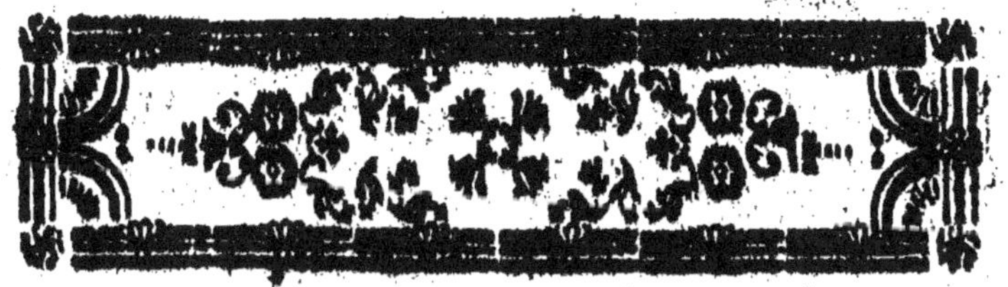

DIVERTISSEMENT
DU
MARI RETROUVÉ.

M. TOUVENEL.

Pour célébrer les nôces de Colette,
Folâtrons, chantons & dansons ;
Qu'on fasse retenir les sons
Du hautbois & de la musette,
Et que partout l'Echo répete
Nos agréables chansons !

ENTRÉE

De deux Meûniers, & de deux Meûnieres.

Me AGATHE.

Les maris qu'on voit parmi nous
Sont marchandise bien mêlée,
Pour bien faire, il faudroit les noyer presque tous
Et la France, faute d'époux,
N'en seroit pas moins peuplée.

ENTRÉE

D'un Meunier, & de Madame Agathe.

CHARLOT.

Palsangué, si j'avois fait bien,
Lorsque vous caressiez ma petite Meûniere;
J'aurois sur vous lâché mon chien,
Quoi! me ravir Colette, à moi de la magniere,
Ça me déplaît, ça ne vaut rien,
C'est, morguenne, empêcher le cours de la riviere.
Pargué, c'est être bien malin,
De détourner l'iau d'un moulin.

ENTRÉE

De plusieurs Meûniers & Meûnieres.

Mlle LOLOTTE.

Je ne suis qu'une Meûniere;
Mais si l'Amour
Vouloit un jour
Me ranger sous sa loi sévere,
Je me rirois de son dessein;
Et pour punir ce petit téméraire,
J'en ferois mon Garde-Moulin.

ENTRÉE.

M. TOUVENEL.

Tu croyois, en aimant Colette,
Que tu n'aurois point de Rival;
Mais le Moulin d'une coquette,
Est toujours un Moulin bannal.

ENTRÉE.

M. TOUVENEL.

Monsieur Clitandre a bon génie,
En faisant même un mauvais pas ;
Il prend Meûniere bien jolie,
Son Moulin ne chômera pas.

Mlle LOLOTTE.

Avoir deux Amans en nature,
Cela se peut, selon les loix ;
C'est tirer d'un sac deux moutures,
Qu'avoir deux époux à la fois.

M. TOUVENEL.

Vous qu'Amour à l'hymen destine,
Ecoutez bien cette leçon,
Tel croit en avoir la farine,
Qui souvent n'en a que le son.

www.ingramcontent.com/pod-product-compliance
Lightning Source LLC
LaVergne TN
LVHW010623110826
845149LV00003B/1027
9782019199753